BEI GRIN MACHT SICH IHR WISSEN BEZAHLT

Strategischer Wandel bei der Gesundheits- und Medizintechnik AG. Bodo Müllers Plan

Bibliografische Information der Deutschen Nationalbibliothek:

Die Deutsche Nationalbibliothek verzeichnet diese Publikation in der Deutschen Nationalbibliografie; detaillierte bibliografische Daten sind im Internet über http://dnb.d-nb.de abrufbar.

ISBN: 9783346912459
Dieses Buch ist auch als E-Book erhältlich.

Druck und Bindung: Books on Demand GmbH, Norderstedt Germany
Gedruckt auf säurefreiem Papier aus verantwortungsvollen Quellen

Das vorliegende Werk wurde sorgfältig erarbeitet. Dennoch übernehmen Autoren und Verlag für die Richtigkeit von Angaben, Hinweisen, Links und Ratschlägen sowie eventuelle Druckfehler keine Haftung.

Das Buch bei GRIN: https://www.grin.com/document/1375908

Deutsche Hochschule für
Prävention und Gesundheitsmanagement
Hermann-Neuberger-Sportschule 3
66123 Saarbrücken

Hausarbeit

Studiengang	M.A. Prävention und Gesundheitsmanagement
Studienmodul	Strategische Unternehmensführung II
Datum Präsenzphase	17.04.2023 – 19.04.2023
Aufgabe	Strategischer Wandel bei der Gesundheits- und Medizintechnik AG

Inhaltsverzeichnis

1 Bodo Müllers Plan

Bodo Müller ist für die Gesundheit- und Medizintechnik AG, als Marketing Direktor der Abteilung Vertrieb tätig. Die Gesundheits- und Medizintechnik AG ist eine der weltweit größten und bedeutendsten Lieferanten der Gesundheitsindustrie. Sie genießt aufgrund ihrer herausragenden Produktqualität, einen sehr guten Ruf und verfügt über eine breite Kundenbasis mit guten Kundenbeziehungen. Durch die Veränderung des Markt- und Kundenverhaltens, sieht Bodo Müller nun dringenden Handlungsbedarf, in Bezug auf die Marktstrategie und somit die Möglichkeit, einen Wandel im Unternehmen zu initiieren.

1.1 Gründe für Wandel

Folgende Gründe stehen für den Wandel, den Bodo Müller initiieren will:

1. Durch die stagnierende Investition in medizinische Geräte, wird auch zukünftig eine sehr niedrige Wachstumsrate erwartet. Die Politik wirkt einer Erhöhung der Gesundheitsausgaben entgegen, auf Grund des hohen Ausgabenniveaus im Segment medizinischer Geräte und des niedrigen BIP- und Bevölkerungswachstums.

2. Im Gesundheitswesen lässt sich eine grundlegende Verlagerung des Kaufverhaltens von medizinischen Geräten feststellen. Dies bedeutet, dass besonders aus ökonomischen Gründen, der Einfluss der Krankenhausadministration und der Einkaufsabteilung, im Rahmen des Einkaufsprozesses zunimmt und somit nicht mehr die Krankenhausärzte die Entscheidungsträger für den Einkauf medizinischer Geräte sind.

3. Aufgrund der geringen staatlichen Finanzierung kommt es in Krankenhäusern dazu, dass bestehende Geräte instandgehalten werden und somit auf Investitionen in neue Geräte verzichtet wird.

Bei den oben genannten Gründen für den Wandel welchen Bodo Müller initiieren will, handelt es sich um externe Ursachen (Marktveränderung, Gesetzgebung usw.), welche für einen Wandel sprechen (Botthoff, 2009).

1.2 Aspekte des Strategiewandels

Im Folgenden werden hinsichtlich des Change Managements, drei Aspekte von Bodo Müllers Plan zum Strategiewandel genannt.

1. Durch die Veränderung des deutschen Marktes und dem Kundenverhalten, soll sich die Marketingstrategie der Gesundheits- und Medizintechnik AG ändern. Bisher war das Marketing an den Bedürfnissen der Krankenhausärzte ausgerichtet, durch das veränderte Kaufverhalten, soll zukünftig das Marketing an die Bedürfnisse und Herausforderungen des „C-Level" (bspw. CEO, CFO und CIO) angepasst werden. Hierbei ist zu beachten, dass das sog. C-Level Marketing alle 7 Produktlinien gemeinsam umfassen muss. Bodo Müller muss nun die Marketing Vizepräsidenten davon überzeugen, damit diese ihre Marketingstrategien anpassen und einen kleinen Anteil ihres Budgets in C-Level Marketing investieren.

2. Beim vierteljährlichen Treffen des Marketing Boards wo alle Marketing Vizepräsidenten regelmäßig geschäftsübergreifende Themen diskutieren, präsentierte er harte Fakten indem er seine Vorstellungen mit Tabellen und Grafiken illustrierte und veranschaulichte die Herausforderungen seiner C-Level Kunden, um auf den Mangel an Zusatznutzen und Informationen die diesen Kunden bisher nicht geliefert werden konnte, aufmerksam zu machen und um letztlich Möglichkeiten zu finden, das C-Level Marketing auszubauen. Um das Vorhaben in die Tat umzusetzen, plante Bodo Müller die Einführung eines kleinen Geschäftsübergreifenden Projekts, das Ideen zu C-Level Marketing in Deutschland entwickeln und gleichzeitig die Unterstützung aller Unternehmenseinheiten sichern sollte.

3. Auf dem Markt wird das Unternehmen als Technologie und Ingenieur orientiert wahrgenommen. Da die Krankenhäuser aber verstärkt effizient denken, muss die Gesundheits- und Medizintechnik AG zeigen, dass sie auch ganzheitliche Lösungen bieten kann, um die allgemeine Effizienz im Krankenhaus zu verbessern.

1.3 Barrieren und Widerstände

Durch das Eingreifen in bestehende Prozesse und Strukturen durch eine organisatorische Veränderung (Schulte-Zurhausen, 2010, S. 352), liegen die Ursachen für auftretende Barrieren und Widerständen bezogen auf die Veränderung, sowohl in den Strukturen, Prozessen und Kulturen der Organisation, als auch in den einzelnen Menschen (Müller, 2010, S. 215). Auch im Fall Bodo Müller, der einen Wandel initiieren will, kann es zu Widerständen bzw. Barrieren, innerhalb des Unternehmens und der Mitarbeiter kommen. Letzteres gehört zu den häufigsten Gründen, warum ein Wandel scheitern kann.

o Besonders auf individueller Ebene, können Widerstände seitens der Mitarbeiter auftreten. Vor allem durch die Umstrukturierung innerhalb der Gesundheits- und Medizintechnik AG, kann es zu neuen oder abgeänderten Positionsverteilungen kommen. Mitarbeiter müssen dann aus ihren gewohnten Strukturen und Routinen heraus und werden mit Neuem konfrontiert, was starke Emotionen, wie Unsicherheit, Angst und Unzufriedenheit hervorrufen kann.

o Verdeckte Widerstände, welche besonders häufig auftreten (vgl. Picot et al., S. 531), können ebenfalls im Unternehmen gegen Herr Müllers initiierten Wandel auftreten. Diese werden seitens der Mitarbeiter nonverbal durch Lustlosigkeit, innere Emigration oder fernbleiben über passives Verhalten zum Ausdruck gebracht. Aber auch durch Schweigen oder Bagatellisieren, können Widerstände verbal, mit passivem Verhalten ausgedrückt werden. Treten verdeckte Widerstände beim Erarbeiten neuer Ideen auf, kann kein Fortschritt erzielt werden.

- o Da die Unternehmenseinheiten im Marketing unabhängig voneinander arbeiten, kann eine Barriere der fehlende Informationsfluss innerhalb der Einheiten sein. Im neu geschaffenen C-Level Marketing Projekt, müssten nun alle Marketing-Mitarbeiter das erste Mal zusammenarbeiten. Besonders organisatorische Probleme wie verschiedene zeitliche Abläufe und/oder Arbeitsweisen, können Probleme und zwischenmenschliche Missverständnisse hervorrufen.
- o Letztlich könnte das fehlende Budget für den neuen Marketingzweig eine Barriere bezüglich der Ressourcen der Gesundheits- und Medizintechnik AG darstellen. Im geplanten Marketingbudget ist das C-Level Marketing nicht mit eingerechnet. Für Bodo Müllers initiierten Strategiewandel müssten daher Kosten die nicht miteingerechnet waren, zusätzlich gedeckt werden.

2 Change Management

2.1 Gründe für Scheitern

Laut dem Change Management Experte Kotter (Kotter, 2015, S. 88), können 8 Schritte für erfolgreichen Wandel zusammengefasst werden. Kotter entwickelte das 8 Schritte Erfolgsmodell aus den 90er Jahren entscheidend weiter. Anhand des 8 Stufen Modells werden folglich die Gründe für das Scheitern des Strukturwandels von Bodo Müller erläutert.

Stufe	Gründe für Scheitern
1	**Zu viel Selbstgefälligkeit:** Bodo Müller erzeugte bei den Beteiligten keine ausreichende Dringlichkeit. Dies lässt sich dadurch erklären, dass die Vizepräsidenten die Idee im Allgemeinen zwar unterstützten, das Thema aber vorerst „überprüft" und „angestoßen" werden sollte, so heißt es. Außerdem wurde beim Einräumen eines Budgets gezögert.
2	**Keine ausreichende Führungskoalition:** Es wurde zwar eine Arbeitsgruppe ins Leben gerufen, die jedoch nur aus den Vizepräsidenten bestand und nicht unbedingt auf freiwilliger Basis gegründet worden war. Dies machte sich dadurch bemerkbar, dass nur wenige von ihnen am kick off Meeting teilnahmen, und die die da waren, ungern da waren. Das Projekt wurde somit nur von Herr Müller vorangetrieben, denn eine klare Führung wurde nicht festgelegt.
3	**Fehlende Vision und Strategie:** Die Botschaft „es muss etwas unternommen werden" ist nicht greifbar und somit wurde keine klare Vision von Bodo Müller geschaffen. Durch fehlende Führung wurde die Visonsentwicklung auch nicht von Beteiligten übernommen. Zudem gab es keine klaren Richtungsvorgaben und damit auch kein Leitbild. Obwohl er sachlich mit Zahlen und Fakten überzeugen konnte, wurde das Ziel seines Vorhabens nicht klar.
4	**Fehlende Kommunikation durch fehlende Vision:** Es gibt keine klare Zielvorstellung, keine entsprechende Strategie und keine Vision, wodurch diese auch nicht kommuniziert werden kann.

Tabelle 1: Gründe für Scheitern

Durch den sehr geringen Fortschritt der Arbeitsgruppe, gibt es vorerst keine kurzfristigen Erfolge. Allgemein gibt es zurzeit keine Anwendung der Stufen 5-8 nach Kotter.

2.2 Veränderungen meistern

Im weiteren Verlauf wird das 8 Beschleuniger Modell nach Kotter (Kotter, 2015, S. 88) in einer Tabelle dargestellt. Anhand des Modells soll erklärt werden, wie Bodo Müllers initiierter Wandel umgesetzt hätte werden können.

8 Stufen und Beschleuniger nach Kotter	So hätte Bodo Müller die Veränderungen meistern können
Stufe 1: Gefühl der Dringlichkeit für eine bedeutende Chance schaffen	Schon beim Marketingboard hätte Bodo Müller die Chance des Wandels aufzeigen müssen, um somit die Dringlichkeit zu wecken etwas zu ändern. Er hätte gemeinsam mit den anwesenden Vizepräsidenten die Chancen ausarbeiten können, was mehr Anreiz und Engagement seitens der Vizepräsidenten hätte schaffen können.
Stufe 2: Eine lenkende Koalition aufbauen und pflegen	Herr Müller hätte seinen initiierten Wandel auf allen Führungsebenen kundtun müssen, wodurch sich freiwillige Mitarbeiter gemeldet hätten, die sich gerne und mit viel Eigeninitiative, da sie die gleiche Dringlichkeit empfinden, dem Projekt angeschlossen hätten. Dies hätte er bspw. durch ein regelmäßiges Informieren mit einem ansprechenden Newsletter per E-Mail machen können. Sieht sich in einer Koalition jeder als Teil des Ganzen, kann ein schneller Informationsfluss gewährleistet werden und zielführend gearbeitet werden.
Stufe 3: Eine strategische Vision formulieren und Entwicklung von Change-Initiativen	Von Anfang an hätte eine klare Vision, welche die Markt- und Kundenorientierung verdeutlicht und ein Leitbild für das gesamte Projekt geschaffen hätte, von Bodo Müller formuliert und entwickelt werden müssen. Jeder Mitarbeiter hätte diese dann verinnerlichen können, nach ihr arbeiten können und vor allem ist es wichtig das diese dahinterstehen bzw. sie befürworten.
Stufe 4: Kommunikation der Vision und der Strategie, um Unterstützung und Freiwillige zu gewinnen	Um Akzeptanz und Interesse am Projekt zu wecken, hätte Bodo Müller innerhalb des Unternehmens, die Vision und Strategie klar und offen kommunizieren müssen. Somit wären mehr freiwillige Mitarbeiter ins Projekt involviert, es gäbe weniger Skepsis und eine ehrliche Art und Weise die Vision als Richtung zum Ziel zu sehen. Herr Müller hätte einen der freiwilligen Mitarbeiter dazu beauftragen können, die Vision innerhalb des Unternehmens und vor allem in der Arbeitsgruppe, deutlich zu kommunizieren, was die Akzeptanz weiter gestärkt hätte.
Stufe 5: Hindernisse beseitigen, um ein schnelles Vorankommen zu ermöglichen	Um Hindernisse schnell zu beseitigen, könnte die Arbeitsgruppe ein eigenes Problem Management einführen, wo mögliche oder bereits eingetretene Störungen analysiert werden, um Lösungsansätze und Maßnahmen zur dauerhaften Problemlösung zu finden. Bestimmte Vorhaben müssen mit Führungskräften abgesprochen werden, ohne dabei jedoch die Handlungsfreiheit und den Freiraum für Kreativität und Ideen einzuschränken. Damit die Abteilungen von ihrem Wissen untereinander pro-

	fitieren können, sollte das Problem Management innerhalb der verschiedenen Abteilungen agieren. Je weniger Probleme und Hindernisse auftreten bzw. je eher diese langfristig gelöst werden können, desto eher kann ein Flow-artiger, hochproduktiver Zustand erreicht werden, was ein schnelles Vorankommen ermöglicht.
Stufe 6: Schnelle, bedeutende Erfolge zelebrieren	Durch das Einführen regelmäßiger Teammeetings, individuelle Einzel- und Feedbackgespräche innerhalb des Unternehmens und der Projektgruppe, können große und kleine Erfolge gelobt und zelebriert werden. Außerdem können so die Gründe für Misserfolge aufgezeigt und gemeinsame Lösungsansätze entwickelt werden.
Stufe 7: Nie nachlassen, stets weiter lernen und nicht zu früh den Sieg ausrufen	Durch den sich ständig ändernden Markt, muss besonders das Umfeld dauerhaft betrachtet werden. Die Projektgruppe muss bezüglich der Veränderungen im Gesundheitswesen und speziell die der Krankenhäuser aufmerksam bleiben und in regelmäßigen Meetings, das C-Level Marketing an die Veränderungen anpassen, um dauerhaft einen Wettbewerbsvorteil zu generieren.
Stufe 8: Institutionalisierung des strategischen Wandels in der Unternehmenskultur	Das C-Level Marketingprojekt sollte nun als festen Bestandteil in die Gesundheits- und Medizintechnik AG, als weitere Unternehmenseinheit integriert werden. Die neu gegründete Einheit, wird in die Matrixorganisation des Unternehmens aufgenommen und arbeitet parallel und interdisziplinär zu den anderen Abteilungen. Um langfristigen Erfolg zu sichern, wird die Unternehmensvision und Mission verfolgt.

Tabelle 2: 8 Beschleuniger Modell am Beispiel Bodo Müller

3 Strategieimplementierung

Im Folgenden wird nach der Annahme das Bodo Müller überzeugende Arbeit geleistet hat, Maßnahmen der Strategieimplementierung dargestellt. Die Strategieimplementierung folgt nach der Auswahl und Formulierung der Strategie, welche nun umgesetzt werden soll.

Sie lässt sich in zwei Phasen unterteilen: Die Durchsetzungs- und die Umsetzungsphase (Raps, 2004, S. 29).

3.1 Durchsetzung

Bei der Durchsetzungsphase stehen Verhaltensbezogene Aufgaben im Vordergrund, mit dem Ziel die Akzeptanz der Mitarbeiter zu gewinnen. Bezogen auf Bodo Müllers Strategieimplementierung wären folgende Maßnahmen möglich:

o   Eine nachhaltige Maßnahme wäre die Durchführung von Schulungen, um das Wissen der Mitarbeiter zu den Produkten der Gesundheits- und Medizintecnick AG, welche die Effizienz im Krankenhaus steigern sollen, auszubauen. Die Fortbildungsmaßnahmen würden verhindern, dass Ungewissheit gegenüber Neuem auftritt und im besten Fall sogar dazu beitragen, mehr Bereitschaft seitens der Mitarbeiter, um die Strategie umzusetzen zu erzielen.

o   Die Einführung eines Konfliktmanagements wäre eine weitere Maßnahme. Veränderungskonflikte, die im Rahmen von Bodo Müllers Strategieimplementierung auftreten, können so wahrgenommen, analysiert und mitarbeiterfreundlich gelöst werden. Hier wird insbesondere auf die Konfliktkommunikation eingegangen und mit verschiedenen Modellen und Übungen, in Form von Gesprächen und Rollenspielen, diese Kompetenz ausgebaut und verbessert. In Konflikten bestehen auch immer Chancen, die nützlich bezüglich des Unternehmenserfolgs sein können, denn sie sind essenziell für Veränderungen (Ropers, 2002, S.11).

o Eine weitere Maßnahme wäre die Einführung des Partizipationsmodell als Implementierungsstil. Das Partizipationsmodell stellt sicher, das alle Führungsebenen am Implementierungsprozess teilhaben können, wodurch viel kreatives Potential ausgeschöpft werden kann (Knobel&Lage, 2013, S. 12). Hierbei wird auch darauf geachtet, dass alle zusammenarbeiten, um den Unternehmenserfolg langfristig zu sichern, was auch aus den Unternehmenswerten der Gesundheits- und Medizintechnik AG hervorgeht. Durch eine breite Informationsbasis und eine erhöhte Motivation, kann so die Implementierung erleichtert werden.

3.2 Umsetzung

Bei der Umsetzungsphase stehen die sachbezogenen Aufgaben im Vordergrund. Diese sollen einen reibungslosen Ablauf gewährleisten. Folgende Maßnahmen wären, bezogen auf Bodo Müllers Strategieimplementierung, möglich:

o Um die neue Strategie zu implementieren, muss ein grundlegender Wandel (Transformation nach Haake & Seiler, 2012, S. 129–138) stattfinden. Strategische Entscheidungen werden in Aktionen umgesetzt. Bezogen auf die Gesundheits- und Medizintechnik AG bedeutet dies, die Planung einer eigenen Abteilung für das C-Level Marketing durchzuführen und in Form von Umbauten, Raum für die neue Abteilung zu schaffen, damit diese bestmöglich arbeiten kann. Das Unternehmen selbst legt fest, bis wann die Umstrukturierung stattfinden soll und wie hoch das Budget ist, was investiert werden soll.

o Eine weitere Maßnahme zur Implementierung, wäre die Anpassung der Organisationsstruktur. Der Grundsatz „structure follows strategy" nach Chandler 1960 wird verfolgt. Durch eine Reorganisation in Form der Divisionalisierung, wird das C-Level Marketing als weitere Sparte im Unternehmen eingeführt und die Marketingabteilungen der sieben Unternehmenseinheiten, denken nicht mehr nur innerhalb ihrer Abteilung, sondern stehen mit den anderen im Austausch und können voneinander profitieren.

o Die Motivation und Mobilisierung der Mitarbeiter, stellt eine weitere Maßnahme dar. Die Umsetzung der Aktionen ist keine einfache Arbeit und daher kann es immer wieder dazu kommen, dass durch Widerstände bei den Mitarbeitern, unerwartete Probleme oder unbefriedigende Ergebnisse, die Motivation schwindet. Um diese aufrecht zu erhalten oder zurückzugewinnen, muss der Fokus auf den weichen Faktoren, wie dem Einfluss der Werte und Einstellungen der Mitarbeiter, auf dem Implementierungsprozess liegen (Raps, 2004, S. 33). Hier kann die Partizipationstaktik, in Form der Beteiligung von Beschäftigten an der Entscheidungs- und Willensbildung, Mitwirkung und Mitbestimmung angewendet werden. So kann langfristig Akzeptanz für die Strategie erreicht werden (Raps, 2004, S. 35–36).

4 Balanced Scorecard

Die Balanced Scorecard gilt als ein (strategisches) Managementsystem, welches ein Handlungsrahmen für verschiedene Managementprozesse bildet (Bamberger&Wrona, 2012, S. 382). Besonders macht die Balanced Scorecard die Verknüpfungen von Zielen, Strategien und Maßnahmen, durch sogenannte Ursache-Wirkungs-Beziehungen. Anhand der Balanced Scorecard, wird im Folgenden die Implementierung von Bodo Müllers Strategie geplant.

4.1 Ursache-Wirkungskette

Zur Implementierung der Strategie von Bodo Müller innerhalb der Gesundheits- und Medizintechnik AG, wird nun die Ursache-Wirkungskette in eigener Darstellung (Abbildung 1) aufgezeigt.

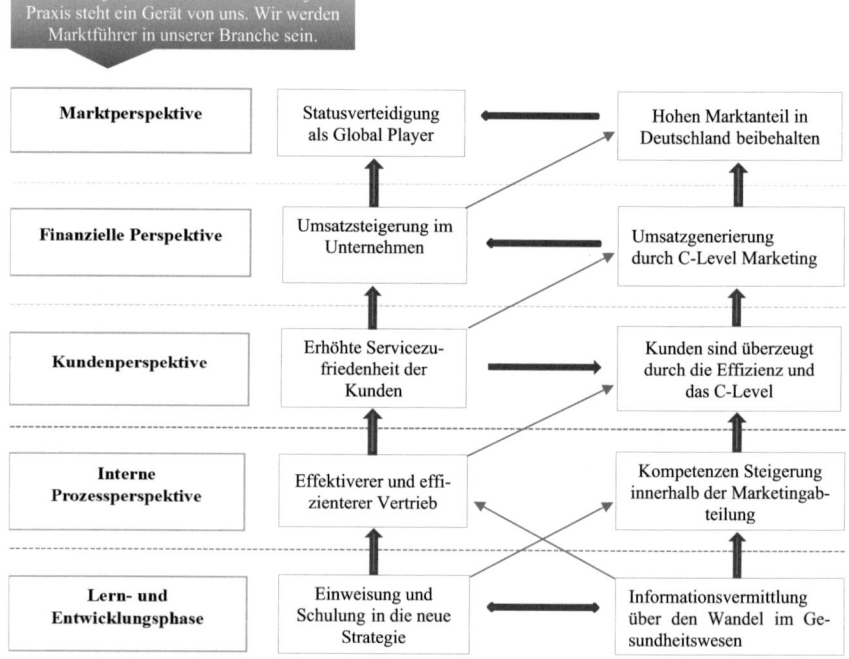

Abbildung 1: Ursache-Wirkungskette zur Strategieimplementierung (eigene Darstellung)

Als fünfte Perspektive wurde die Marktperspektive gewählt, wo die Marktstellung der Gesundheits- und Medizintechnik AG als Global Player im Gesundheitswesen dargestellt wird.

4.2 Festlegung Ziele, Kennzahlen, Vorgaben und Maßnahmen

In nachfolgender Tabelle wurden für jede Perspektive der Ursachen-Wirkungskette jeweils ein Ziel, eine Kennzahl, ein Zielwert, sowie eine passende, konkrete Maßnahme festgelegt. Um die Strategie schrittweise umzusetzen, wird die Operationalisierung angewendet, welche diese ermöglicht.

Perspektive	Strategisches Ziel	Kennzahl	Vorgabe	Maßnahme
Marktperspektive	Das Unternehmen bleibt ein Global Player und somit einer der weltweit größten Lieferanten der Gesundheitsindustrie	Marktanteil innerhalb Deutschlands	Marktanteilssteigerung innerhalb Deutschlands in den wichtigsten Produktkategorien, also > 30%	Durch die Einführung eines anschaulichen Change Managements, können frühzeitige Veränderungen des Kundenverhaltens, sowie des Marktes festgestellt und erkannt werden. Bodo Müller könnte innerhalb des C-Level Marketings, einen Mitarbeiter zum Beauftragten des Change Managements befördern. Somit kann durch Transformationsfähigkeit, der erfolgreiche Bestand am Markt gesichert werden.
Finanzielle Perspektive	Stabile wirtschaftliche Lage, trotz des Wandels halten und im besten Fall CFRIO steigern	CFRIO	Steigerung von aktuell 8% Umsatzrentabilität auf mindestens 10% in den nächsten 18 Monaten	Optimierung der Prozessabläufe durch die Reorganisation im Unternehmen, um Kosten einzusparen. Durch ein wirkungsvolles und effektives Marketing (besonders durch C-Level Marketing), werden weiterhin hohe Umsätze generiert
Kundenperspektive	Überzeugung der Kunden durch Qualität und Effizienz der Produkte	Wiederverkaufsquote	Mindestens 80% der Kunden kaufen in den nächsten 18 Monaten wieder beim Unternehmen ein	Zusätzliches Service Angebot nach dem Einkauf für die Kunden. Durch den direkten Kundenkontakt kann eine gesteigerte Effizienz im Krankenhaus kontrolliert werden und eventuell weitere Verbesserungsmöglichkeiten bezogen auf die Effizienz der Produkte, direkt an die zuständige Abteilung gegeben werden, um diese dann zu optimieren

Interne Prozessperspektive	Vertriebsabteilungen werden verbessert und auf eine effiziente Anpassung an das C-Level vorbereitet	Reklamationsquote	Unter 3% aller vertriebenen Produkte werden reklamiert	Kommunikationsqualität und Servicequalität deutlich verbessern, durch die Einführung einer Service Hotline für Kunden und einem besseren Informationsfluss zwischen Unternehmen und C-Level, um Vertriebsabteilung zu verbessern
Lern- und Entwicklungsperspektive	Erfolgreiche und nachhaltige Umsetzung der Strategie des Unternehmens seitens der Mitarbeiter	Mitarbeiterzufriedenheit, Engagement und Produktivität der Mitarbeiter, gemessen durch digitale Umfragen	Mindestens 80% der Mitarbeiter liegen im Bereich „zufrieden – sehr zufrieden" bei der Umfrage	Qualifizierung der Mitarbeiter, durch Schulungsveranstaltungen. Jeder Mitarbeiter soll innerhalb des nächsten Jahres, an mindestens einer Schulung im Monat teilnehmen

Tabelle 3: Operationalisierung der Strategie

5 Unternehmensethik

Im Folgenden wird die Aktiengesellschaft Siemens, mit den Unternehmenswerten und wie diese durch einen milliardenschweren Korruptionsfall gebrochen wurden dargestellt. Außerdem werden den Konsequenzen für jeweils externe und interne Stakeholder dargestellt.

5.1 Praxisbeispiel

Siemens ist ein deutscher Mischkonzern mit Unternehmenssitz ist Berlin und München. Das Unternehmen hat die Schwerpunkte Automatisierung und Digitalisierung in der Industrie, Infrastruktur für Gebäude, dezentrale Energiesysteme, Mobilitätslösungen für den Schienen- und Straßenverkehr sowie Medizintechnik. Der Konzern hat 125 Standorte in Deutschland und ist in 190 Ländern vertreten.

Zwischen 1994 und 2006 haben Siemens-Vertriebler mithilfe eines ausgeklügelten Systems, weltweit Schmiergelder in Höhe von insgesamt 1,3 Milliarden Euro an korrupte Beamte und Geschäftspartner verteilt, um Aufträge an Land zu ziehen. 2006 und 2008 stand Siemen im Mittelpunkt eines der größten Korruptions-/Schmiergeldskandale der deutschen Wirtschaftsgeschichte, in dessen Folge der Vorstandsvorsitzende Klaus Kleinfeld und der Aufsichtsratsvorsitzende Heinrich von Pierer das Unternehmen verließen. 2006 durchsuchten 200 Beamte, Steuerfahnder und Staatsanwälte mehr als 30 Bürogebäude an allen großen Siemens-Standorten, woraufhin die Ermittlungen ergaben, dass bei Siemens über längere Zeit ein System von Schmiergeldzahlungen existierte. Mehr als 330 dubiose Projekte, 4.300 illegale Zahlungen und Kosten von insgesamt 2,5 Milliarden Euro.

5.2 Unternehmenswerte

Siemens präsentiert sich in der Öffentlichkeit mit folgenden, für das Unternehmen geltende Grundsätze:

o Siemens „*Ingenuity for life*"

o *Compliance und Integrität:* Unser Leitfaden lautet: Keinerlei Toleranz gegenüber Korruption, Wettbewerbsverstößen sowie anderen Verstößen gegen anwendbares Recht – und wo es doch dazu kommt, konsequentes Reagieren.

   Gleichzeitig ist unsere Prämisse: "Null Toleranz" bei Verstößen. Nur sauberes Geschäft ist Siemens-Geschäft weltweit und auf allen Organisationsebenen. Compliance bildet die Grundlage all unserer Entscheidungen und Aktivitäten und ist der Schlüssel zu Integrität im geschäftlichen Verhalten. Die Verantwortung der Compliance-Organisation umfasst neben der Bekämpfung von Korruption, Wettbewerbsverstößen sowie Verstößen gegen Exportkontrollen, auch den Schutz unseres Unternehmens gegen Betrug und Geldwäsche. Sie sorgt auch dafür, dass personenbezogene Daten geschützt und Menschenrechte nicht verletzt werden.

o *Whistleblowing und Meldewege:* Zuverlässige Meldewege für interne und externe Stakeholder und der Schutz interner Hinweisgeber vor Sanktionen tragen dazu bei, dass mögliches Fehlverhalten gemeldet wird, umfassend untersucht und aufgeklärt werden kann. Um Kenntnis von etwaigen Compliance-Verstößen zu erlangen, stellt Siemens internen und externen Hinweisgebern verschiedene Meldewege zur Verfügung.

o *Gemeinsames Handeln:* Siemens-Integritäts-Initiative: Die Siemens-Integritäts-Initiative unterstützt Organisationen und Projekte, die mit Collective Action sowie Aus- und Weiterbildung gegen Korruption und Betrug kämpfen und sich damit für saubere Märkte und fairen Wettbewerb einsetzen.

o *Verantwortungsvolle Beschaffung von Mineralien:* Wir bekennen uns zur Sorgfaltspflicht in der Lieferkette. Um die Herkunft bestimmter Mineralien in unserer Lieferkette festzustellen, haben wir einen einheitlichen unternehmensweiten Prozess eingeführt.

o *Achtung der Menschenrechte:* Verbot von Diskriminierung, Wahrung des Prinzips der Chancengleichheit und Gleichbehandlung, freie Wahl der Beschäftigung (keine Zwangsarbeit), Verbot von Kinderarbeit, angemessene Entlohnung, Tarif- und Vereinigungsfreiheit, Einhaltung der Sicherheitsbestimmungen.

o *Ganzheitlicher Umweltschutz:* Wir bringen ökonomische, ökologische und gesellschaftliche Anforderungen in Einklang und stellen uns unserer gesellschaftlichen Verantwortung. Gemäß den mit unserer Teilnahme am UN Compact einhergehenden Verpflichtungen, erwarten wir von unseren Mitarbeitenden neben der Einhaltung der umweltbezogenen Prinzipien des UN Global Compact, weltweit insbesondere die Übereinstimmung mit bestimmten Leitlinien (in Übereinstimmung mit den geltenden gesetzlichen Normen und internationalen Standards in Bezug auf die Umwelt handeln, Umweltverschmutzung minimieren und Umweltschutz kontinuierlich verbessern, die in unseren Business Conduct Guidelines (BCGs) verankert sind usw.)

5.3 Wertebruch

Werte geben Sinn, leiten und bestimmen damit das menschliche Handeln: „Sie beschreiben unser Menschenbild, wie wir miteinander umgehen, was uns wichtig ist und wie wir uns sozial gegenüber Gesellschaft, Umwelt usw. verhalten" (Haake & Seiler, 2012, S. 24).

Im Falle Siemens bricht die Firma sehr deutlich die Werte, welche auf der Website des Unternehmens äußerst genau und eindeutig dargestellt werden. Vertriebsmitarbeiter haben kräftig nachgeholfen, um korrupte Beamte oder Firmenvertreter von der Qualität der Siemens-Produkte zu überzeugen und systematisch mit vorgetäuschten Beraterverträgen und Scheinfirmen weltweit Aufträge an Land gezogen. Siemens verstößt klar gegen den Leitfaden, dass das Unternehmen keinerlei Toleranz gegenüber Korruption hat. Gleichzeitig definiert sich Siemens mit ausschließlich sauberen Geschäften weltweit, Korruptionen fanden jedoch u. a. in Russland, Nigeria und Griechenland statt. Durch das Nichtbeachten von den unternehmensinternen Regeln und Richtlinien seitens der (Vertriebs-) Mitarbeiter von Siemens, in Form von nicht regelkonformen Entscheidungen und Aktionen, konnte die Integrität im Unternehmen nicht gewährleistet werden. Siemens setzt sich für einen fairen Wettbewerb und einen sauberen Markt ein, beides wurde durch die Korruptionsaffäre missachtet, um sich Wettbewerbsvorteile zu sichern.

5.4 Konsequenzen

Stakeholder sind Interessensgruppen wie z. B. Mitarbeiter, Aktionäre oder andere Investoren, welche das Vermögen eines Unternehmens erzeugen, bewahren und verteilen (Johnson, Scholes&Whittington, 2011, S. 185). Es gibt interne Stakeholder, welche direkt zur Struktur eines Unternehmens gehören und immer ein wirtschaftliches Interesse haben und es gibt externe, die ein Interesse an dem Geschehen eines Unternehmens haben. Sie befinden sich zwar außerhalb, haben aber dennoch gewisse Erwartungen und Ziele gegenüber dem Unternehmen. In nachfolgender Tabelle wird veranschaulicht, welche möglichen Konsequenzen, das nicht-wertekonformen Verhalten von Siemens für jeweils interne und externe Stakeholder haben kann.

Stakeholder Intern/Extern	Konsequenzen
Eigentümer/Anteilseigner (intern)	o Verkauf der Anteile von Anteilseignern durch die Korruptionsaffäre, woraufhin der Unternehmenswert, sowie der Aktienwert sinkt o Einzelne Eigentümer erkennen Wertebruch und dadurch die Verhinderung, wirtschaftlicher Wachstum und Entwicklung des Unternehmens
Mitarbeiter (intern)	o Widerstände der Mitarbeiter durch Missachtung und Bruch der Unternehmenswerte o Kündigungen der Mitarbeiter o Verlust von Sinn in der Arbeit und Anerkennung des Unternehmens, was zur Demotivation und Lustlosigkeit führen kann
Kunden (extern)	o Schlechte Presse macht ein schlechtes Image, was sich negativ auf das Kaufverhalten und auf das Vertrauen der Kunden auswirken kann. Dem zu folge wird sich gegen den Kauf von Siemens Produkten entschieden und die Umsätze des Unternehmens sinken o Kunden entscheiden sich für Produkte der Konkurrenten, wodurch der Marktanteil sinkt
Lieferanten (extern)	o Lieferanten können die Lieferung von jetzt auf gleich einstellen und die Zusammenarbeit beenden, was eine Einstellung der Produktion zur Folge hat o Lieferanten könnten die Situation ausnutzen, indem sie die Preisstruktur ihrer Ware erhöhen würden, wodurch Siemens höhere Produktionskosten haben würde

Tabelle 4: Konsequenzen für interne und externe Stakeholder

6   Literaturverzeichnis

Bamberger, I. & Wrona, T. (2012). Strategische Unternehmensführung. Strategien, Systeme, Prozesse (2. Auflage). München

Botthoff, H.J. 2009. Change Management: Den permanenten Wandel im Unternehmen als natürliche Entwicklung begreifen. Verfügbar unter: https://www.business-wissen.de/artikel/change-management-den-permanenten-wandel-im-unternehmen-als-natuerliche-entwicklung-begreifen/

Gode, S. (13. Oktober 2021). Die Siemens-Korruptionsaffäre: der größte Schmiergeld-Skandal. Verfügbar unter: https://www.businessinsider.de/bi/macht-millionen-podcast-20-siemens-korruptionsaffare-schmiergeld/

Haake, K. & Seiler, W. (2012). Strategie-Workshop. In fünf Schritten zur erfolgreichen Unternehmensstrategie (2. Auflage). Stuttgart

Johnson, G., Scholes, K. & Whittington, R. (2011). Strategisches Management – Eine Einführung. Analyse, Entscheidung und Umsetzung (Pearson Studium – Economic)

Knobel, C., Lage, D. (2013). Das Konzept der Funktionalen Gesundheit (ICF) – Kompetente Teilhabe mit dem Partizipationsmodell erreichen. In: Hallbauer, A. et al. (in Vorbereitung) UK kreativ. Von Loeper Verlag: Karlsruhe

Kotter, J. P. (2015). Die Kraft der zwei Systeme. Harvard Business Manager (Spezial), 80-93.

Müller, H.-E. (2010). Unternehmensführung. Strategien – Konzepte – Praxisbeispiele. München

Picot, A. et. al. Organisation. Eine ökonomische Perspektive, 4. Auflage

Raps, A. (2004). Erfolgsfaktoren der Strategieimplementierung: Konzeption und Instrumente (2. Auflage)

Ropers, N. (2002). Friedensentwicklung, Krisenprävention und Konfliktbearbeitung Technische Zusammenarbeit im Kontext von Krisen, Konflikten und Katastrophen, Gesellschaft für technische Zusammenarbeit (GTZ), Eschborn, S. 11.

Schulte-Zurhausen, M. (2010). Organisation (5., überarbeitete und aktualisierte Aufl.) München

Siemens Deutschland AG. Das Unternehmen. Verfügbar unter: https://www.siemens.com/de/de/unternehmen/nachhaltigkeit/compliance.html

7 Abbildungs- und Tabellenverzeichnis

7.1 Abbildungsverzeichnis

7.2 Tabellenverzeichnis